KNAUR
BALANCE

Jay Latha & Valerie Inez

Shadow Work – das Selbstliebe-Journal

Integriere deine Schatten und umarme dein inneres Kind

Aus dem amerikanischen Englisch
von Nele Boysen

KNAUR
BALANCE

Die Originalausgabe erschien 2023 unter dem Titel
Shadow Work Journal for Self-Love bei Zeitgeist.

Die in diesem Buch vorgestellten Übungen wurden von den Autorinnen und dem Verlag sorgfältig geprüft und haben sich in der Praxis bewährt. Da jeder Mensch für sich besonders ist, können wir allerdings Ergebnisse nicht garantieren. Der Verlag und die Autorin schließen jegliche Haftung für Gesundheits- und Personenschäden aus.

Besuchen Sie uns im Internet:
www.knaur-balance.de

MIX
Papier | Fördert gute Waldnutzung
FSC® C004592

Deutsche Erstausgabe März 2024

Published in the United States by Zeitgeist, an imprint of Zeitgeist™,
a division of Penguin Random House LLC, New York.
penguinrandomhouse.com
Zeitgeist™ is a trademark of Penguin Random House LLC

Ein Imprint der Verlagsgruppe Droemer Knaur GmbH & Co. KG, München

Redaktion: Werner Wahls
Covergestaltung: Verlagsgruppe Droemer Knaur
nach dem Originalentwurf von Aimee Fleck
Autorinnenfotos: © Jessica Danae Photography und Valerie Inez
Satz und Layout: Adobe InDesign im Verlag
nach dem Originalentwurf von Aimee Fleck
Druck und Bindung: Firmengruppe APPL,
aprinta druck GmbH, Wemding
ISBN 978-3-426-65949-6

2 4 5 3 1

In liebevoller Erinnerung an meinen Vater.
Er hat mir immer mehr zugetraut,
als ich selbst für möglich gehalten hätte.

– Latha

Für meine Kinder. Ich habe den Pfad der Heilung gewählt, um euch das solide Fundament zu geben, das ihr verdient habt.

– Valerie

INHALT

Bevor du anfängst 9

Einleitung 13

1

Die Reise durch die Schattenarbeit 14

2

Übungen und Aufgaben 28

3

Journal Prompts für eine tiefergehende Erkundung 64

Über die Autorinnen 143

BEVOR DU ANFÄNGST

Schattenarbeit bedeutet, die Anteile in dir selbst aufzuspüren, die du versteckst, abstreitest und ablehnst, und sie dir bewusst zu machen. Es bedeutet herauszufinden, welches die Ursachen dafür sind, und diese so zu verarbeiten, dass du alte Wunden heilen und aus Mustern ausbrechen kannst, die dir nicht guttun.

Was du von Schattenarbeit erwarten kannst

Schattenarbeit kann sehr herausfordernd sein, aber die Reise wird dich reich belohnen. Schritt für Schritt wirst du die Anteile in dir, die du bisher versteckt hast, aufdecken und beobachten. Mit der Zeit lernst du, diese Anteile anzunehmen und so besser zu verstehen, wer du wirklich bist. Dieser Prozess beleuchtet die Grundursachen tief liegender, emotionaler Schmerzen, fördert umfassende Heilung und schafft Raum für Selbstliebe.

Wenn wir über Selbstliebe sprechen, meinen wir eine innige Wertschätzung des eigenen Ichs, die du erreichst, wenn du dich selbst vollständig annimmst, liebevoll mit dir umgehst und dein Wachstum und dein Wohlbefinden förderst. Selbstliebe bedeutet, konkrete Maßnahmen zu ergreifen, die deinen Geist, deinen Körper und deine Seele nähren.

Wie du dieses Journal nutzen kannst

Nimm dir zu Beginn vor, dabei sanft mit dir umzugehen, denn du betrittst hier Neuland. Schattenarbeit kann Trigger und heftige Gefühle hervorrufen. Es ist unbedingt notwendig, dass du dabei Mitgefühl für dein vergangenes und dein gegenwärtiges Selbst mitbringst. Wenn es dir schwerfällt, mit Vergangenem konfrontiert zu werden, beschaffe dir ein Supportsystem, auf das du jederzeit zurückgreifen kannst. Das kann jemand aus deinem Freundeskreis sein, professionelle, psychologische Hilfe oder spirituelle Beratung. Du musst diese Reise nicht alleine antreten.

Dieses Journal führt dich durch diese Aufgabe. Kapitel 1 legt den Grundstein und bereitet dich auf die Reise vor. Kapitel 2 besteht aus einigen Übungen, die dir helfen, deine Schattenanteile zu erkennen, sie mit liebevoller Aufmerksamkeit zu betrachten und das Journaling zu beginnen. Kapitel 3 führt dich tiefer in die Schattenarbeit und bietet Journaling-Vorschläge, die dir helfen, dein Schattenselbst umfassender kennenzulernen.

Im Folgenden ein paar Tipps, mit denen du das meiste aus diesem Journal herausholen kannst:

- Lies Kapitel 1, bevor du dich an Übungen und Journaling-Vorschlägen versuchst, und arbeite die Übungen aus Kapitel 2 durch, bevor du mit Kapitel 3 beginnst.
- Folge deiner Intuition. Wenn dir eine Übung nicht zusagt, überspringe sie. Wenn du die Journaling-Vorschläge in Kapitel 3 in einer anderen Reihenfolge machen möchtest, ist das in Ordnung. Gebrauche dieses Journal so, wie es sich für dich richtig anfühlt.
- Schaffe in deinem Tagesablauf Raum für die Schattenarbeit *und* erlaube dir, gegebenenfalls von deinem Zeitplan abzuweichen. Höre auf deine Intuition und deinen inneren Kompass. Wenn du dich bei etwas unwohl fühlst, lass es. Lege eine Pause ein und schaue es dir später noch mal an. Für diese Arbeit gibt es keine Deadline und keine Noten. Du kannst einfach nur *sein* und das, was dabei in dir hochkommt, zulassen.

- Beende jede Schattenarbeit-Sitzung mit mindestens einem Selfcare-Ritual, das dich erdet und in deine Mitte zurückbringt. Das wird dir helfen, die Heilung, die nach deiner Schattenarbeit stattfindet, auch zu verinnerlichen. Wir sind überzeugt, dass ein liebevoller, wohlwollender und mitfühlender Umgang mit dir selbst ein wichtiger Bestandteil der Schattenarbeit ist, und dazu gehören unbedingt auch Selfcare-Rituale.

Schattenarbeit kann herausfordernd sein, aber sie ist es wert, weil du es wert bist. Danke, dass du diese schwierige Aufgabe auf dich nimmst. Deine Arbeit an dir selbst ist ein wunderbares Geschenk an *uns*, die kollektive und globale Gemeinschaft. Wir sehen dich, wir lieben dich und wir schätzen dich.

EINLEITUNG

Wir beide entdeckten Schattenarbeit, als wir in unserem Leben einen Tiefpunkt erreicht hatten, und haben daher selbst erlebt, was für ein transformatives Potenzial sie bietet.

Ich (Latha) begann mit der Schattenarbeit als ausgelaugte Medizinstudentin, die verzweifelt versuchte, es allen recht zu machen. Jeden Morgen wachte ich erschöpft und ernüchtert auf. Ich hatte so viel Zeit darin investiert, andere glücklich zu machen, dass ich selbst immer unglücklicher wurde. Mithilfe der Schattenarbeit verarbeitete ich Liebeskummer aus vergangenen Beziehungen und fand die Kraft, Grenzen zu durchbrechen, die ich mir selbst gesetzt hatte. Dadurch wurde mir klar, dass sich meine Leidenschaft, anderen Menschen zu helfen, nicht speziell auf einen medizinischen Beruf bezog, sondern dass ich Menschen dabei unterstützen wollte, sich selbst besser zu verstehen.

Ich (Valerie) kam zur Schattenarbeit, nachdem ich erkannt hatte, wie schwer es mir fiel, mit meinen eigenen Gefühlen umzugehen: Oft war meine erste Reaktion erst mal Wut. Ich stellte fest, dass sich sehr viel Traurigkeit in mir verbarg und dass ich mich mit mir selbst unwohl fühlte. Als ich mit Schattenarbeit anfing, setzte ich meine positive Energie frei und kam wieder in Kontakt mit meinem authentischen Ich. Ich konnte meine eigenen Gedanken deutlicher wahrnehmen und fühlte mich mit meiner Intuition so verbunden wie nie zuvor.

Mithilfe unserer persönlichen Erfahrungen haben wir bereits Hunderten von Klienten und Klientinnen durch diesen transformativen Prozess geholfen. Wir freuen uns, dir jetzt unsere Unterstützung anbieten zu können, damit du zurück zu deinem inneren Licht und deiner inneren Wahrheit finden, deine Energie reinigen und Ansichten abschütteln kannst, die dich einschränken und dich davon abhalten, in deinem Leben weiter voranzugehen. Und denke daran: Wenn wir uns selbst heilen, heilen wir die Welt.

1

Die Reise durch die Schatten-arbeit

Im frühen 20. Jahrhundert wurde Schattenarbeit durch den Psychoanalytiker C. G. Jung bei uns populär. In *Aion. Beiträge zur Symbolik des Selbst* schrieb er: »Kein Baum, sagt man, wächst in den Himmel, es sei denn, dass seine Wurzeln die Hölle erreichten.«

Das Wissen, wie tief unsere Wurzeln reichen, verleiht uns die nötige Stabilität, um Großes zu vollbringen und den eigentlichen »Himmel« zu finden: ein bestmögliches Leben für uns. Dieses Kapitel legt die Grundlage, von der aus du unter die Oberfläche schauen und herausfinden kannst, wie tief deine Wurzeln reichen.

Der Schatten und das Selbst

Wenn wir unsere Schatten verstehen, übernehmen wir die Kontrolle über sie, und das gibt uns Kraft. Wir verschwenden keine Energie mehr darauf, sie zu unterdrücken, denn das erschöpft und schadet uns. Stattdessen fokussieren wir uns darauf, uns selbst besser kennenzulernen, und wenden dieses Wissen auf die verschiedenen Bereiche unseres Lebens an. Das Ganze ist ein heilsamer Prozess, mit dem wir uns selbst befreien. Und diese Forschungsreise beginnt hier.

Kernkonzepte und Ideen

Dein Schattenselbst besteht aus den Anteilen von dir, die du unterbewusst ablehnst. Es setzt sich aus diesen dunkleren (weder guten noch schlechten) Aspekten deines Unterbewusstseins zusammen, und sie bleiben verborgen, bis du dich bewusst dazu entscheidest, dich mit ihnen zu beschäftigen.

Dein Ego bzw. deine Persona, wie C.G. Jung es nennt, ist die Maske, die du trägst und die du deine »Identität« nennst, oder deine Persönlichkeit, die du einsetzt, um zu überleben oder um glücklich und erfolgreich zu sein. Die inneren Konflikte in dir kommen daher, dass deine Persona sich gegen Aspekte deines Schattenselbst wehrt, diesen unterdrückten Aspekten deiner Identität.

Emotionale Wunden, die in der Kindheit entstanden sind, können dich ein Leben lang begleiten. Vor allem durch solche folgenreichen Ereignisse erschaffen wir eine Vorstellung von uns selbst. Wenn ein Kind von Klassenkameraden ausgeschlossen wird, weil es bei einem Vortrag gestottert hat, kann so in ihm die Vorstellung entstehen, dass seine Stimme keine Rolle spielt oder es nicht wert ist, gehört zu werden. Diese Vorstellung kann einen Menschen sein ganzes Leben lang beeinflussen, wenn sie wiederholt und verinnerlicht wird. Durch diese Wiederholung entsteht schließlich ein Schatten. Er setzt sich fest und äußert sich im Erwachsenenleben dann so, dass die Person bei Ungerechtigkeiten nicht für sich selbst einsteht, dass sie nicht um eine Beförderung bittet oder sich nicht um den Partner oder die Partnerin bemüht, den oder die sie liebt. Wenn es uns gelingt, diese Wunden durch Schattenarbeit zu heilen, schaffen wir eine neue Vorstellung von uns, die uns bestärkt und uns hilft, unser Leben zu ändern.

Menschen neigen dazu, ihre Schatten zu unterdrücken, weil sie starke Gefühle hervorrufen. Wir identifizieren uns ungern mit Gefühlen wie Schuld, Scham oder Reue, doch genau diese bilden den Kern unserer Schattenanteile. Gefühle, die über lange Zeit unterdrückt wurden, können sich auf unterschiedliche Weise bemerkbar machen. Jahrelanger, unterschwelliger Stress kann sich in Krankheiten, Angstzuständen oder anderen chronischen Problemen äußern. Indem wir diese Anteile besser verstehen, wird das Schattenselbst weniger reaktiv. Wir befreien uns von diesen negativen Emotionen und damit auch von unnötigem Stress.

Wie der Schatten unser Leben beeinflusst

Durch Trigger, Projektionen und Muster macht sich der Schatten in unserem Leben bemerkbar. Sehen wir einmal genauer hin.

Ein *Trigger* ist eine Erinnerung an ein vergangenes Trauma, das eine Kampf-Flucht-Reaktion auslöst. Trigger sind das Ergebnis tief liegender, unbehandelter Verletzungen, die sich in Gefühlen wie Wut, Angst und Unsicherheit äußern oder in der Unfähigkeit, die eigenen Gefühle auszudrücken. Du kannst sie dir wie Boten vorstellen, die uns auf Dinge in uns aufmerksam machen, die wir uns anschauen sollten. Wenn du immer wieder von derselben Person oder Erfahrung getriggert wirst, frage dich: »Was gibt es in mir, mit dem ich mich befassen sollte?«

Die Welt ist ein Spiegel. Wenn du das, was eigentlich aus deinem Inneren kommt, als etwas interpretierst, das im Außen liegt, erschaffst du sogenannte *Projektionen.* Dies geschieht, wenn du Eigenschaften oder Gefühle, die du an dir selbst nicht magst, einer anderen Person zuschreibst.

Ist dir schon mal aufgefallen, dass deine Probleme dieselben bleiben? Bei jeder Arbeitsstelle hast du es mit einem ätzenden Chef zu tun? Jede Beziehung endet auf dieselbe Weise? Das alles sind *Muster.* Wir stoßen immer wieder auf ähnliche, unangenehme Szenarien in unserem Leben, wenn wir den Schmerz, der sich dahinter verbirgt, nicht geheilt haben. Oder wenn wir noch nicht genau hingesehen und die Lektion gelernt haben, die uns dieses Szenario lehren will. Man könnte sagen, wir sind im Autopiloten-Modus unterwegs, weil wir zulassen, dass unsere Schatten unsere Realität bestimmen. Sigmund Freud nannte dieses selbst verursachte Phänomen »Wiederholungszwang«.

Mit jedem Moment, jedem Erlebnis und jeder Lektion lernen wir, unsere Schatten besser in uns zu integrieren. Dazu ist es wichtig, tief einzuatmen, innezuhalten und kurze Zeit zu reflektieren, bevor du auf eine Situation reagierst. Wenn wir unseren Schatten ins Licht holen und ihn für das, was er ist und was er zu unserem Leben beiträgt, annehmen, verändert sich unser Leben. Diese »Integration« findet statt, wenn wir alle Anteile unserer Persönlichkeit, auch die negativen, aufrichtig annehmen.

Schattenarbeit zur Selbstliebe und Heilung

Dein Schatten will wahrgenommen, gehört und akzeptiert werden. Erlaube ihm, hervorzukommen und geheilt zu werden. Er hält die Wünsche und Bedürfnisse deines inneren Kindes fest, das sich danach sehnt, Wunden deiner Kindheit zu heilen. Schattenarbeit hilft dir, dein inneres Kind zu lieben und zu heilen. Eine Verbindung zwischen deinen Schattenanteilen, deinem inneren Kind und deinem gegenwärtigen Ich ermöglicht es dir, dich mit deiner ganzen Persönlichkeit geliebt und akzeptiert zu fühlen.

Wie sollen wir »das Licht sein«, wenn wir uns gegenseitig in die Dunkelheit ziehen, allen voran uns selbst? Anders gesagt: Wir können nicht strahlen, wenn wir Aspekte von uns im Dunkeln verbergen. Und doch geht es bei der Reise zur Selbstliebe nicht immer nur um »Licht und Liebe«. Es ist völlig normal, dass du bei der Reise über deine »innere Landkarte« Höhen und Tiefen durchlebst. Und es ist auch in Ordnung, wenn manche Tage schwerer sind als andere. Gib dich der Strömung dieser Tage hin und erlaube dir, auf deiner Reise wirklich vollkommen präsent zu sein.

Die wunderbare Heilung, die die Schattenarbeit für dich bereithält, wird dir Kraft geben. Wir fühlen uns dadurch besser – wir sind besser gerüstet und stark genug, unser Wachstum wahrzunehmen. Manchmal fällt es leichter, die Heilung unserer Schatten mit der Heilung einer körperlichen Verletzung zu vergleichen. Mit einem verstauchten Knöchel kommst du nicht voran. Erst, wenn er verheilt ist, kannst du wieder rennen.

Heilung sieht für alle Menschen unterschiedlich aus. Einen vorgegebenen Zeitplan oder verbindliche Erwartungen, die du erfüllen musst, gibt es nicht. Aber Heilung – das heißt, an einen Punkt zu kommen, an dem du dich wirklich besser fühlst – erfordert viel Hingabe, Zeit und die Bereitschaft, dir deine eigene Verletzlichkeit zu offenbaren. In diesem Prozess bist du dein innerer Kompass und die einzige Person, die deine Heilung und dein Wachstum bewerten kann.

Wie Schattenarbeit funktioniert

Mit der Schattenarbeit kannst du jederzeit anfangen. Du benötigst dafür kein Werkzeug und kein Material, aber du kannst ein paar Vorbereitungen treffen, damit deine Reise angenehmer wird.

Ein paar hilfreiche Grundsätze

Schattenarbeit ist gewissermaßen eine Art von Selfcare. Bereite alles so vor, dass diese Arbeit für dich angenehm und sinnvoll wird. Kümmere dich um dich selbst, bevor du dich um andere kümmerst, dann kannst du der Welt in einer bestmöglichen Verfassung begegnen. Denn diese Arbeit hilft zwar vor allem dir selbst, aber auch die Menschen, die du liebst, können von den wundervollen Ergebnissen profitieren.

Plane Zeit und Ort

Zunächst ist es wichtig, ein festes Ritual zu entwickeln, das dir leichtfällt und mit dem du dich wohlfühlst. Plane einen Zeitraum in deinem Tag, wo du dich ungestört auf die Schattenarbeit konzentrieren kannst. Schnappe dir eine kuschelige Decke, zünde eine Kerze oder ein Räucherstäbchen an und suche dir einen gemütlichen Platz. Widme diese Zeit ausschließlich dir selbst und deiner Heilung. Wir empfehlen ungefähr eine Stunde dafür, aber wenn du nur fünfzehn Minuten hinbekommst, ist das auch in Ordnung. Nutze die Zeit, die du hast, voll aus. Tu das, wozu du in der Lage bist. Es gibt keine Erwartungen, außer denen, die du dir selbst auferlegst. Gehe sanft und liebevoll mit dir um.

Vertraue in die Kraft der achtsamen Erkenntnis

Wenn du in dich selbst eintauchst und anfängst, dein Inneres tiefer zu ergründen und deinen Schatten zu verstehen, erreichst du einen Zustand achtsamer, bewusster Erkenntnis. Dir wird bewusst, wer du bist und in welchen Bereichen dein Schatten deinen Alltag dominiert. Diese Erkenntnis stellt dich vor eine Entscheidung. Du kannst dich dazu entschließen, dein Schattenselbst ungehindert in der Dunkelheit sein Unwesen treiben zu lassen, oder du entscheidest dich, dich ihm zu stellen, ihm mit Liebe zu begegnen und ihn dir ins Bewusstsein zu holen. Gib deinem Schatten Raum, in dir zu existieren, und mache dir gleichzeitig bewusst, dass du nicht dieser Schatten bist. Du bist die Erkenntnis, die *weiß*, wann der Schatten in deinen Erfahrungen zum Vorschein kommt.

Übe dich in Selbstmitgefühl

Selbstmitgefühl ist genauso wichtig wie Erkenntnis. Wenn du mit dir selbst Mitleid hast, ist deine Schattenarbeit erfolgreicher. Fällt es dir schwer, deine »schlechten« oder »hässlichen« Schattenanteile zu betrachten, ohne dabei Scham, Verurteilung und/oder Schuld zu spüren, erinnere dich daran, dass wir alle solche Anteile in uns tragen. Nur du allein urteilst über deinen Schatten. Befreie dich von deiner Selbstverurteilung und begegne dir stattdessen mit Liebe, Vergebung und Verständnis.

Wachse mit Mut zur Ehrlichkeit

Schattenarbeit erfordert, dass du absolut ehrlich zu dir bist; das kann manchmal sehr schwer sein. In Anbetracht der Arbeit, die vor dir liegt, kann dir alles überwältigend und unerreichbar vorkommen. Denk daran, dass die Angst vor dieser Arbeit mehr Energie kostet als die Arbeit selbst. Angst ist kräftezehrend.

Sobald du mit der Schattenarbeit angefangen hast, wirst du deinen eigenen Flow finden, und deine Angst wird schwinden. Es braucht Ehrlichkeit und Offenheit, damit du dich als ganzheitliches Wesen wahrnehmen und alle Teile von dir betrachten kannst.

Du bist nicht kaputt und musst nicht repariert werden. Schattenarbeit bringt mehr Frieden, Freiheit und Entscheidungsmöglichkeiten in dein Leben, ganz gleich, in welcher Situation. Diese Freiheit erreichst du allerdings nur, wenn du ehrlich bist, und diese Herausforderung lohnt sich.

Wenn du die selbst verursachten Limits deines Schattens nicht überwindest, wirst du nie so sein, wie du wirklich bist, wirst niemals die Möglichkeit haben, dich frei zu entfalten. Stattdessen wirst du dich immer wieder ablehnen. Wenn du wiederholt getriggert wirst und negative Muster wiederholst, lebst du ein eingeschränktes, sehr anstrengendes Leben. Die Ergebnisse deiner Reise werden dich für die kurze, anstrengende Zeit, in der du ehrlich mit dir bist, mehr als entschädigen. Am anderen Ende wartet deine Freiheit.

Schattenarbeit Schritt für Schritt

Jeder Schatten ist anders, und jeder Mensch folgt einem eigenen Weg zur Selbsterkenntnis. Je nach Ratgeber können die Schattenarbeitsübungen und Journaling-Vorschläge variieren, aber die Arbeitsweise mit diesem Buch funktioniert ungefähr so:

Dich erden und deine Mitte finden

Dich zu erden hilft dir, in deinem Körper präsent zu sein, du bist mit einem stabilen Fundament und mit dir selbst verbunden. Indem du dich vor Beginn der Schattenarbeit erdest, bist du mehr in deiner Mitte, fühlst dich mehr im Gleichgewicht und bist aufnahmefähiger. In diesem Zustand kannst du besser der Außenwelt begegnen, anstatt nur auf sie zu reagieren. Es gibt verschiedene Möglichkeiten, wie du dich erden und deine Mitte finden kannst, um einen besseren Zugang zu deinem Selbst zu bekommen, zum Beispiel Meditation, Zeit in der Natur oder Yoga.

Journaling mit Übungen und Prompts

Lies dir die Übungen und Prompts durch und lass sie erst einmal auf dich wirken. Du kannst die Prompts entweder in der vorgegebenen Reihenfolge bearbeiten oder dir einfach diejenigen heraussuchen, die dich gerade ansprechen.

Auf die Fragen gibt es keine richtigen oder falschen Antworten. Schreib einfach auf, was dir einfällt. Wenn du nicht weiterkommst, notiere dir Worte, die etwas mit deiner Antwort zu tun haben, oder kritzele ein wenig herum. Wenn du keine Sätze schreiben kannst, mach eine Liste aus Worten oder Ausdrücken. Gehe ins Detail oder bleibe bei allgemeinen Gedanken – was immer sich für dich besser anfühlt. Interpretiere oder bewerte deine Antworten nicht, sondern lass sie einfach so stehen.

Es ist für die Schattenarbeit nicht nötig, bewusst frühe Erinnerungen oder vergangene Traumata hervorzuholen, aber sie können an die Oberfläche treten, wenn du dich auf einen der Prompts einlässt. Solltest du dich von Erinnerungen überwältigt fühlen, lege eine Pause ein, atme tief durch, dann erde dich und finde wieder in deine Mitte zurück. Du bist jetzt *hier*. Wenn du dich überfordert oder entmutigt fühlst, erlaube dir, diese Gefühle wahrzunehmen und zu verarbeiten. Hole dir im Freundeskreis, in der Familie oder therapeutische Unterstützung.

Es ist wichtig, dass du dir erlaubst, alle Gefühle wirklich wahrzunehmen und herauszulassen. Sie spielen eine maßgebliche Rolle in deinem Leben. Wenn du es mal nicht schaffst, einen Prompt weiter zu bearbeiten, weil er zu belastend ist, lege das Buch erst einmal beiseite. Das hier ist *deine* Reise! Respektiere deine eigenen Grenzen und sei dann diszipliniert bei der Sache, wenn du dich dazu fähig fühlst.

Verarbeiten und integrieren

Höre in dich hinein und nimm wahr, was geschieht, damit du das, was in dir hochkommt, verarbeiten und verinnerlichen kannst. *Feel it to heal it.* Du kannst dem nicht aus dem Weg gehen oder es einfach überspringen – du musst dich den Gefühlen stellen und sie verarbeiten. Nur so *wächst* du daran.

Denke daran, dass es keine »guten« oder »schlechten« Gefühle gibt. Alle Gefühle haben ihre Berechtigung, und es dauert seine Zeit, bis wir gelernt haben, sie auf eine gesunde Weise zu verarbeiten. Gib dir die Zeit und den Raum, mit diesen plötzlich auftauchenden Gefühlen umzugehen und sie zu verstehen. Falls du deine Gefühle jahrelang unterdrückt hast, mag es dir vielleicht schwerfallen, sie wahrzunehmen.

Gefühle sind Boten, die uns darauf hinweisen, wo es Handlungsbedarf gibt. Stell sie dir wie Körner einer inneren Weisheit vor, die dir auf deiner Reise den Weg weisen. Begegne deinen Gefühlen mit Neugierde. Niemand wird dich für sie verurteilen. Es ist deine Reise zu Freiheit und innerem Frieden. Achte aufmerksam auf deine emotionalen Reaktionen, denn sie wollen dir etwas mitteilen. Schattenarbeit ist ein lebenslanger Prozess. Solange wir leben, erschaffen wir Schatten, doch sind wir uns dessen bewusst, können wir uns mit ihnen auseinandersetzen und sie integrieren.

Ausklang mit Selbstmitgefühl

Selbstmitgefühl ist entscheidend für die Schattenarbeit. Natürlich sollte der gesamte Prozess von Liebe und Güte geprägt sein, aber ein besonders bewusster Moment des Selbstmitgefühls zum Abschluss hilft dir, dich ruhig und vollständig zu fühlen und alles klarer zu sehen. Trotzdem kann es vorkommen, dass du nach einer Sitzung wütend, enttäuscht oder aufgebracht bist. Das kommt vor! Wir alle kennen das. Nimm dir Zeit, zur Ruhe zu kommen, indem du ein paarmal tief ein- und ausatmest und dich wieder erdest. Erlaube dir, alle Gefühle zu verarbeiten. Sei mitfühlend mit dir selbst, egal, was du gerade für dich empfindest.

Unterstützende Selfcare-Rituale

Unterstützende Selfcare-Rituale helfen dir, an der Schattenarbeit dranzubleiben, und erinnern dich daran, warum du versuchen willst, dich selbst mehr zu lieben, mitsamt deinem Schattenselbst. Bei Selfcare geht es darum, für deinen Geist, deinen Körper und deine Seele zu sorgen, weil du genau das verdient hast.

Die folgenden Rituale helfen dir, eine Verbindung zu dir selbst zu finden. Dadurch kommst du besser in Kontakt mit deiner Seele und mit den Gründen für diese innere Reise. Wir empfehlen dir wärmstens, eines dieser Selfcare-Rituale zu nutzen, um den Schmerz zu lindern, der entstehen kann, wenn du deine verborgenen Wahrheiten aufdeckst. Allgemein sind sie auch zum Ende jeder Schattenarbeit-Sitzung empfehlenswert.

Meditiere, um dich zu erden und zu zentrieren. Meditation kann dir helfen, Energie zu verarbeiten und freizulassen, wenn du starke Emotionen fühlst, oder dabei helfen, Trigger-Gründe zu erkennen.

Verbinde dich mit der Natur. Lass die Sonne in dein Gesicht scheinen. Lausche der Welt um dich herum. Atme den Duft der Erde. Betrachte eine Pflanze oder ein Tier.

Erde deine Energie, indem du barfuß über die Erde gehst oder dich auf den Boden legst. Dies hilft deinem Körper, dich mit dem natürlichen Energiefeld der Natur zu verbinden, und resettet dein gesamtes System.

Verbringe Zeit mit deinen Haustieren. Spiele mit deinen Haustieren, wenn du welche hast, denn das lindert Angstzustände und Stress und aktiviert deine verspielte Seite.

Genieße das Leben fernab vom Bildschirm. Auch wenn dir dein Handy bei vielem hilft, raubt es dir deine Energie. Nimm es nach der Schattenarbeit nicht sofort wieder zur Hand und nimm dir feste Zeiten vor, in denen du dein Handy für einige Zeit zur Seite legst und einfach das Leben genießt.

Vertiefe dich in Musik. Lausche deiner Lieblingsplaylist, tanze und singe. Durch Singen kannst du dich wunderbar mit deiner Stimme verbinden.

Iss etwas Leckeres. Essen bietet Trost, Wärme und Liebe. Sei gütig zu dir und gönne dir etwas Leckeres, das du gerne isst. Nimm dir Zeit, es zu genießen, und sei dankbar, wie das Essen deinen Körper nährt.

Spiele und habe Spaß. Tu etwas, das dich zum Lachen bringt und dir Freude bereitet. Stell dir vor, wie es war, ein Kind zu sein: vollkommen präsent und versunken in lustigen und albernen Momenten.

Setze gesunde Grenzen. Manchmal stellt sich in der Schattenarbeit heraus, dass du dringend festere Grenzen setzen musst. Nimm dir in diesem Fall vor, das auch wirklich zu tun. Stell dir vor, wie du Grenzen setzt, oder übe, was du sagen wirst, um das zu schaffen.

Bewege deinen Körper so, wie es sich gut für dich anfühlt. Stemme Gewichte, gehe joggen, schüttele dich oder tanze zu deiner Lieblingsmusik. Dein Körper ist eine tolle Maschine, die sich bewegen muss, um stagnierende Energie loszuwerden. Bringe deinen Herzschlag und deinen Kreislauf in Schwung.

Mache einen Mittagsschlaf oder gehe früh zu Bett. Für deine emotionale Stabilität und deine Freude ist es extrem wichtig, genug zu schlafen. Wir neigen dazu, den Schlaf ganz hintanzustellen, weil alles andere wichtiger erscheint. Aber du brauchst diesen Schlaf, um dich zu erholen, also erlaube dir, früh zu Bett zu gehen, oder mache einen Mittagsschlaf.

Plane Zeit für dich in deinen Wochenplan ein. Nimm dir bestimmte Zeiten, in denen du dich selbst an die erste Stelle setzt und etwas machst, das du liebst. Und halte diesen Termin mit dir auch ein.

Praktiziere Yoga. Yoga zeigt dir, dass du eigentlich nur gegen dich selbst ankämpfst. Es erdet und zentriert dich und verbindet so deinen Geist mit deinem Körper.

Schreibe Tagebuch, ohne dich von deinem inneren Kritiker bewerten zu lassen. Alles, was du schreibst, ist richtig. Lass die Worte einfach fließen. Eine Technik von Julia Cameron (*Der Weg des Künstlers*), die sie »die Morgenseiten« nennt, soll dich ermutigen, morgens direkt nach dem Aufwachen die Worte einfach aus dir herausströmen zu lassen. Du kannst das aber auch nach deinen Schattenarbeit-Sitzungen machen.

Übe dich in Dankbarkeit. Nimm gute Dinge wahr und schätze sie. Bedanke dich bei dir selbst. Notiere fünf bis zehn Dinge, für die du dankbar bist.

Räume auf. Ob du nun deine Post sortierst oder deine Pflegeprodukte ausmistest – wenn du etwas Unordentliches aufräumst, kann das zu innerer Ruhe oder Entspannung führen.

Putze und reinige deine Umgebung. Wir sind Energiewesen, die mit anderen Energiewesen interagieren. Bei der Schattenarbeit fällt das besonders auf. Reinige deine Umgebung auf eine Weise, die für dich angenehm ist, bis sie sich friedvoll und harmonisch anfühlt.

Nimm ein entspannendes Bad. Nichts erdet und tröstet mehr als ein warmes Bad. Zünde eine Kerze an, fülle deine Badewanne mit duftendem Schaum und streue ein paar Rosenblätter hinein. Gestalte dein Bad so, dass du dich wohlfühlst.

Lerne etwas Neues. Lies ein paar Seiten in einem Buch, das dich interessiert, recherchiere zu einem Thema, das dich neugierig macht, oder höre einen spannenden Podcast.

Trinke Wasser. Nur wenn dein Körper genug Wasser bekommt, kann er richtig funktionieren. Wenn du über den Tag verteilt Wasser trinkst, fühlt sich alles einfacher an. Nach deiner Schattenarbeit fühlst du dich so zum Beispiel wunderbar erfrischt.

Schaue deinen Lieblingsfilm. Schaue einen Film an, der dich zum Lachen bringt oder dich an deine Kindheit erinnert. Bereite dir einen gesunden Snack zu und entspanne dich.

Ziehe dir etwas Schönes an. Mach dich schick, egal, was du darunter verstehst. Wenn wir uns hübsch fühlen, verändert sich auch unsere innere Energie.

Halte Kontakt zu anderen. Melde dich bei Menschen, die dich lieben und feiern, anstatt dich einfach nur zu tolerieren, und die eine Energie ausstrahlen, die dir guttut.

Sprich Affirmationen. Tägliche Affirmationen können mit der Zeit dein Mindset verändern und dein Unterbewusstsein umprogrammieren. Halte ein paar Sätze bereit, die du nach deiner Schattenarbeit-Sitzung und über den Tag verteilt sprechen kannst.

2

Übungen und Aufgaben

Die Übungen und Aufgaben in diesem Kapitel helfen dir, dein Schattenselbst zu identifizieren, zu verstehen und zu integrieren. Du kannst mit jenen anfangen, die dir am zugänglichsten erscheinen, diejenigen überspringen, die dich nicht ansprechen, und diejenigen, die dir am meisten helfen, so oft du willst wiederholen.

Spiegelarbeit

Bei der Spiegelarbeit, eine sehr direkte und wirkungsvolle Methode, schaust du dich selbst in einem Spiegel an, um deinem Schatten zu begegnen. Dabei können limitierende Gedanken, Ängste und Zweifel hochkommen, und es können Schattenaspekte zum Vorschein kommen, die dich abschrecken. Sei während und nach dieser Übung besonders mitfühlend mit dir.

1. Sitze oder stehe in angenehmer Haltung vor einem Spiegel.
2. Sieh dir für zwei bis drei Minuten in die Augen und sprich dabei stumm oder laut eine liebevolle Affirmation. Die Lebenshilfe-Autorin Louise Hay empfiehlt, während der Spiegelarbeit »Ich liebe dich« zu sagen. Wenn dir das schwerfällt, versuche es mit: »Ich wünsche mir, dass ich mich eines Tages selbst lieben kann.« Wähle eine Affirmation, die sich für dich gut anfühlt.
3. Nimm wahr, welche Gedanken und Gefühle beim Wiederholen in dir hochkommen. Lass diese Emotionen zu und spüre den Moment.

JOURNAL PROMPT: Welche Gedanken kamen auf? Welche Emotionen? Wie fühlst du dich jetzt? Hast du in dieser Spiegelarbeit-Sitzung etwas über dich selbst herausgefunden? Wenn ja, was?

Hinterfrage limitierende Überzeugungen

Zu den Schattenaspekten in dir gehören auch Überzeugungen, die dich einschränken. Sie infrage zu stellen, ist eine wirksame Übung, um dich gedanklich und emotional neu zu orientieren. Indem du diese Übung regelmäßig wiederholst, hilfst du deinem Gehirn, neue Nervenbahnen auszubilden. Das kann dein Denken maßgeblich verändern, und du förderst damit dein Wohlbefinden und dein inneres Wachstum.

1. Zeichne drei Spalten auf ein Blatt Papier und gib ihnen die Überschriften: »Limitierende Überzeugungen«, »Wie sie mich beeinflussen« und »Wie ich sie hinterfrage«.
2. Notiere deine limitierenden Gedanken in der ersten Spalte. Beispiele dafür wären: »Niemand wird mich jemals lieben« und »Ich bin in nichts gut«.
3. Notiere in der zweiten Spalte, wie dich diese Gedanken jeweils beeinflussen. Zum Beispiel: »Weil ich mich nicht liebenswert finde, fällt es mir schwer, Leute kennenzulernen« und »Ich probiere keine neuen Dinge aus, weil ich davon ausgehe, dass ich scheitern werde«.
4. Stelle diese Gedanken in der dritten Spalte infrage. Zum Beispiel, indem du das Gegenteil deiner limitierenden Gedanken aufschreibst: »Ich *bin* liebenswert. Wenn ich authentisch bin, ziehe ich Menschen an, die mich mögen« und »Ich *bin* gut in manchen Dingen, und ich kann etwas Neues ausprobieren, ohne mich zu sorgen, ob ich es gut kann oder nicht«.

JOURNAL PROMPT: Denke an einen bestimmten limitierenden Gedanken: Wo in deinem Körper fühlst du ihn? Und warum genau dort? Welche Gefühle assoziierst du mit diesem limitierenden Gedanken? Wie ist der limitierende Gedanke mit diesen Gefühlen verknüpft?

Schreibe einen Brief an dein jüngeres Ich

Oft haben die jüngeren Versionen von uns selbst immer noch Angst und wollen gesehen, gehört, bestätigt, geliebt und gehegt werden. Briefeschreiben hilft dir, Kontakt zu deinem inneren Kind aufzunehmen und Probleme zu heilen.

1. Erinnere dich an deine Kindheit. Suche einen Moment heraus, wo du Rat oder Hilfe gebraucht hättest.
2. Beginne deinen Brief mit »Liebes jüngeres Ich« oder richte ihn an ein bestimmtes Alter oder einen bestimmten Zeitraum in deinem Leben – zum Beispiel »Liebes siebenjähriges Ich«.
3. Sei ehrlich und verletzlich, wenn du deinem jüngeren Ich schreibst. Gib ihm den Rat, der dir damals gutgetan hätte. Teile Gedanken, die deinem jüngeren Ich geholfen hätten.
4. Beschreibe, was sich für dich verändert hätte, wenn du diesen Rat zu dieser wichtigen Zeit in deinem Leben bekommen hättest.
5. Bringe dein Mitgefühl für dein jüngeres Ich zum Ausdruck und beende den Brief mit einem liebevollen Gruß.

JOURNAL PROMPT: Erlaubst du deinem inneren Kind, sich wie ein geliebter und gehegter Anteil von dir frei zu entfalten? Wenn ja, wie? Oder hältst du dein inneres Kind in den Schatten verborgen? Wenn ja, warum? Was würde passieren, wenn du deinem inneren Kind erlaubst, sich frei zu entfalten?

Traumarbeit

Bei der Traumarbeit schreibst du deine Träume auf und erkundest ihre Bedeutung. Dies hilft dir dabei, deine versteckten Schattenanteile zu erforschen. Je öfter du dies tust, desto besser erinnerst du dich an deine Träume und kannst aus ihnen lernen.

1. Bewahre ein Tagebuch neben deinem Bett auf. Nimm dir vor, dich an deine Träume zu erinnern.
2. Schreibe nach dem Aufwachen alles auf, woran du dich erinnerst.
3. Stelle dir folgende Fragen:

    - Welche Menschen, Orte oder Ereignisse tauchen wiederholt in deinen Träumen auf? Welche Gefühle bringen sie hervor? Wofür könnten sie stehen?
    - Zeigen dir deine Träume metaphorisch eine Lösung für ein Problem oder eine Situation in deinem Leben? (Hierbei können dir Webseiten und Bücher über Trauminterpretation helfen.)
    - Wofür stehen die Personen in deinen Träumen? Welche ihrer Eigenschaften sind dir wichtig?

JOURNAL PROMPT: Schreibe einen Traum, der dich verstört hat, oder einen Albtraum auf. Was würde dir helfen, mit den unangenehmen Gefühlen oder der Angst umzugehen, wenn sie real wären?

Fülle den Lückentext

Diese Übung hilft dir dabei, das zu erkennen, was verborgen ist, damit dein Leben und deine eigentliche Persönlichkeit besser harmonieren.

1. Fülle die Lücken mit den Gedanken, Worten, Gefühlen oder Bildern, die dir *spontan* in den Sinn kommen. Hier gibt es keine falschen Antworten.
2. Lies dir den Absatz selbst vor, wenn du fertig bist, und nimm die Gefühle wahr, die dabei entstehen.

Wenn ich wütend oder frustriert bin, brauche ich __________, um damit zurechtzukommen. Wenn mir das nicht zur Verfügung steht, fühle ich mich ______. Dieses Muster verfolge ich bereits seit ______ Jahren. Als ich jünger war, habe ich beobachtet, wie meine Bezugspersonen ______________, wenn sie wütend oder frustriert waren. ______________ entspannt mich. Ich bin es leid, mich __________ und __________ zu fühlen. Ich möchte stattdessen versuchen __________, um mit diesen Gefühlen umzugehen. In meiner Kindheit wurde mir oft gesagt: ____________________. Weil ich dies über eine so lange Zeit gehört habe, fühle ich mich ____________________.
Es hat mein Leben folgendermaßen beeinflusst: ____________________.
Ich habe Angst vor ____________________.
Ich weiß, dass ich es wert bin, ______________ und ______________ zu bekommen.
Ich habe ____________________ verdient.

JOURNAL PROMPT: Welche Verhaltensmuster hast du von deinen Bezugspersonen, deiner Familie, deinen Freunden und/oder der Gesellschaft gelernt, die für dein Leben keine Bereicherung sind? Auf welche Weise wiederholst du diesen Teufelskreis?

Schriftliche Selbstreflexion

Bei dieser Übung geht es darum, dass du dich zurücklehnst und verschiedene Aspekte deines Lebens reflektierst, um unerkannte Gefühle an die Oberfläche zu holen. Indem du kurz innehältst, dein Gedankenchaos entwirrst und neu interpretierst, kannst du deine Energie darauf ausrichten, dir neue, zukunftsorientierte Handlungsweisen zu überlegen.

1. Stelle dir selbst die folgenden Fragen. Beantworte sie der Reihenfolge nach und notiere die Antworten in deinem Journal.

   - Was fühle ich jetzt gerade?
   - Was fühle ich sonst noch?
   - Welcher Aspekt meines Lebens verursacht diese Gefühle?
   - Wie beeinflussen diese Gefühle mein Leben aktuell?
   - Möchte ich mich weiterhin so fühlen? Wenn nicht, was kann ich tun, um diese Gefühle ins Positive zu wenden?
   - Wie kann ich mich aufmuntern, wenn ich mich wieder so fühle?

JOURNAL PROMPT: Beschreibe, wie du mit dir umgehst, wenn du dich mutlos, verwirrt oder verloren fühlst. Reagierst du liebevoll oder strafend? Auf welche Weise bringst du deine Gefühle zum Ausdruck?

Sei kreativ

Kinder sind von Natur aus kreativ, doch im Erwachsenenalter unterdrücken wir diese Eigenschaften oft und produzieren stattdessen Dinge, deren Wert von außen bestimmt ist. Bei dieser Übung fertigst du etwas nur für dich. Gestatte deinem inneren Kind, sich völlig frei zu entfalten. Es gibt keine Regeln oder Einschränkungen. Du darfst dabei auch gerne kleckern oder ein Chaos veranstalten. Plane diese Übung regelmäßig ein, falls sie sich für dich als therapeutisch wertvoll entpuppt.

1. Nimm dir mindestens 30 Minuten Zeit für ein kreatives Tun.
2. Erinnere dich daran, was du als Kind am liebsten gebastelt hast und was dir Freude bereitet hat.
3. Wähle ein Medium, zum Beispiel Ton, Farbe, Filzstifte oder Bleistifte, und suche dir das nötige Material dazu.
4. Und jetzt leg los und mach damit, was immer dir in den Sinn kommt.

JOURNAL PROMPT: Was wolltest du als Kind immer werden, wenn du groß bist? Wie hast du dich gefühlt, wenn du davon geträumt hast? Warum hat dir diese Vorstellung Freude bereitet? Denke darüber nach, wie du in deinem Leben für Freude sorgst. Was hindert dich daran, in deinem Tagesablauf Zeit für Freude freizuräumen?

Meditiere

Meditation ist eine gute Begleitung für deine Schattenarbeit, weil sie dir hilft, inmitten äußerer und innerer Unruhe die nötige innere Stabilität zu entwickeln. Meditation verfolgt kein festes Ziel, hilft dir aber, mit der Welt umzugehen, anstatt dich nur von ihr getriggert zu fühlen. Wir meditieren nicht, um irgendwann Meditationsprofis zu werden; wir tun es, um Lebensprofis zu sein. Meditation ist im Grunde so einfach wie Atmen. Die folgende Übung verwendet einen kurzen Satz oder ein Mantra, damit du konzentriert bleibst.

1. Suche dir ein ruhiges Plätzchen und setze dich auf einen Stuhl oder auf den Boden. Sitze aufrecht und mit erhobenem Kopf, als würdest du eine Krone tragen. Wir empfehlen dir, auf einem festen Untergrund zu sitzen und nicht auf deinem Bett oder Sofa; dort ist die Gefahr größer, dass du einschläfst.
2. Überlege dir einen Satz oder ein Mantra, das zu dir passt und dich zur Ruhe bringt. Ein sehr schönes Mantra ist zum Beispiel »so hum«. Das bedeutet »Ich bin« und erinnert uns daran, dass wir viel mehr sind als nur unsere Schatten.
3. Stelle einen Timer auf zehn bis zwanzig Minuten und schließe die Augen.
4. Atme ganz normal und wiederhole deinen Satz oder dein Mantra im Kopf. Wenn dir Gedanken kommen, nimm sie wahr, ohne auf sie einzugehen. Lenke deine Aufmerksamkeit so oft wie nötig auf dein Mantra zurück, bis der Timer sich meldet.

JOURNAL PROMPT: Welches Mantra hast du dir ausgesucht? Warum bringt es dir Frieden? Welche Gedanken oder Gefühle machten sich bei deiner Meditation bemerkbar? Mit welchen Schatten befasst du dich zurzeit?

Schreibe einen Brief an dein zukünftiges Ich

Wenn du dich deinem zukünftigen Ich zuwendest, sende ihm Liebe, Dankbarkeit und Zuspruch, vollkommen unabhängig von deinen zukünftigen Erfolgen oder Leistungen. Das ist eine gute Möglichkeit, Selbstliebe im Jetzt und in der Zukunft zu üben.

1. Beginne den Brief mit »Liebes zukünftiges Ich« oder sprich eine bestimmte Zeit in deinem Leben an.
2. Beschreibe, was aktuell in deinem Leben passiert. Wofür bist du dankbar? Was verunsichert dich oder bereitet dir Sorgen? Sei ehrlich und beschreibe alles genau.
3. Erzähle von deinen aktuellen und zukünftigen Zielen. Versteife dich nicht auf einen bestimmten Weg, sondern bedanke dich bei deinem zukünftigen Ich für alles, was es erreicht hat. Deinem zukünftigen Ich stehen unendlich viele Möglichkeiten zur Auswahl. Alles hängt von den Entscheidungen ab, die du im Jetzt triffst.
4. Beschreibe, wo du dein zukünftiges Ich siehst. Wie unterscheidest du dich von ihm? Auf welche Errungenschaft bist du ganz besonders stolz? Achte auf eventuell aufkommende Selbstzweifel, Gefühle der Wertlosigkeit, Angst, Unruhe oder Pessimismus.
5. Lies dir deinen Brief laut vor. Wie wird sich dein zukünftiges Ich fühlen, wenn es ihn liest?
6. Verwahre den Brief an einem sicheren Ort. Bestimme einen Zeitpunkt, wann du ihn wieder liest – vielleicht in einem Jahr.

JOURNAL PROMPT: Welcher Widerwillen oder welche Zweifel kamen beim Schreiben und/oder Lesen in dir auf? Was kannst du unternehmen, damit du besser mit einer selbstsichereren und stärkeren Version von dir selbst im Einklang bist?

Sprich mit deinem Schatten

Deine Stimme ist deine Verbindung zur Außenwelt. Wenn du dir erlaubst, frei zu sprechen, gibst du dir damit auch die Freiheit, dich völlig offen auszudrücken. Hast du schon einmal etwas gesagt oder getan, das eigentlich gar nicht zu dir passt? Das war ein Schattenanteil von dir! In dieser Übung wirst du ein inneres Gespräch mit deinem Schatten führen, denn so kommst du mit deinen Schattenanteilen in Kontakt und kannst sie besser verstehen.

1. Was möchtest du deinen Schatten fragen? Erinnere dich an eine Situation, in der du für dich untypisch reagiert hast. Welche Charaktereigenschaften an dir bereiten dir Probleme? Du kannst deinen Schatten alles fragen.
2. Warte auf eine Antwort deines Schattens. Welche Gedanken hast du, nachdem du deine Frage gestellt hast?
3. Führe den Dialog mit deinem Schatten fort, bis du eine klare Antwort erhalten hast.
4. Dokumentiere die Antworten. Nachdem du diese Aspekte von dir ins Bewusstsein geholt hast, kannst du dich mit ihnen anfreunden und sie integrieren, anstatt sie zu deinen Feinden zu machen. Achtsamkeit ist der Schlüssel!

JOURNAL PROMPT: Welche deiner Charaktereigenschaften versteckst du vor der Welt? Zeigst du dich als dein authentisches Selbst oder setzt du im Umgang mit bestimmten Menschen oder Umgebungen eine Maske auf? Warum tust du das?

High five für dein Spiegelbild

Mel Robbins war selbst an einem Tiefpunkt in ihrem Leben, als ihr die Idee zu ihrer »High-5-Habit-Methode« kam. Dabei geht es darum, uns selbst wertzuschätzen, anstatt sich sofort auf unsere Mängel oder Fehler zu konzentrieren. Wenn du den Tag damit beginnst, dich mit einem High five selbst zu feiern, verstummt diese innere kritische Stimme zumindest für einen kurzen Moment. Das gibt dir die Zeit, deine Gedanken auf andere Dinge zu richten. Probiere es zwei Wochen lang aus und beobachte, wie du dich fühlst.

1. Sieh in den Spiegel, sobald du aufwachst und in den Tag startest.
2. Gib deinem Spiegelbild ein High five und schaue dir dabei freundlich in die Augen.

ALTERNATIVE

1. Klebe ein Kinderbild von dir an den Spiegel.
2. Schau dir das Bild an, wenn du morgens in den Tag startest, und mache ihm ein Kompliment. Sende ihm Liebe, wirf ihm einen Kuss zu oder gib ihm ein High five.
3. Sobald du etwas Negatives denkst, sieh dir das Bild an und frage dich: »Würde ich so etwas zu einem Kind sagen?« Schicke ihm stattdessen eine liebevolle Geste.

JOURNAL PROMPT: Notiere drei Dinge, die du an deinem Körper liebst, und erkläre, warum du sie magst. Wie kannst du deinem Körper mehr Liebe entgegenbringen?

Identifiziere deine Trigger

Wenn wir die Ursachen unserer Trigger identifizieren, fällt es uns leichter, mit unseren Reaktionen auf intensive Gefühle klarzukommen. Wenn du einen Trigger überwindest, entreißt du diesem Schattenaspekt von dir die Kontrolle.

1. Wähle einen Trigger, den du genauer untersuchen möchtest, und beantworte folgende Fragen. Geh dabei achtsam mit dir um.

   - Wer/was löst diesen Trigger in dir aus?
   - Wie reagierst du, wenn du diese Emotion empfindest? Schaltest du ab? Schreist du? Beschreibe es konkret.
   - Wie lange triggert dich das schon? Wann wurdest du davon zum ersten Mal getriggert?
   - Sind dir zusammenhängend mit diesem Trigger irgendwelche Muster aufgefallen? Entweder aus deiner eigenen Vergangenheit oder bei Familienmitgliedern, die ähnlich reagieren?
   - Wie kannst du auf gesündere Weise mit deinen Gefühlen umgehen, wenn dieser Trigger ausgelöst wird?
   - Wie kannst du diese Gefühle hinter dir lassen?

   Wie würdest du reagieren, wenn dieser Trigger dich nicht beeinflussen würde?

2. Beende diese Übung, indem du deine Energie erdest. Gehe spazieren oder joggen, laufe barfuß über eine Wiese oder meditiere, damit du ins Jetzt zurückkehren kannst.

JOURNAL PROMPT: Hegst du Groll oder bist wütend auf eine bestimmte Person oder ein Ereignis? Wenn ja, beschreibe es. Wie würdest du dich fühlen, wenn dieser Ärger dich nicht länger beeinflussen würde?

Kritisiere andere

Erlaube dir, deine Meinung oder dein Urteil über andere in einer sicheren Umgebung offen auszusprechen. Dabei solltest du allein sein, damit du dabei ganz bei dir sein kannst und dich nicht zurückhalten musst. Wenn du Kritik gegenüber anderen laut aussprichst, zeigt dir das, wofür du andere Menschen verurteilst und auch dich selbst.

1. Nimm dir fünf bis zehn Minuten Zeit, in denen du alleine sein kannst und nicht gehört wirst.
2. Sprich in diesem Zeitfenster deine Urteile laut aus. Sei dabei vollkommen ungehemmt.
3. Rufe dir verschiedene Menschen, Menschengruppen oder Menschentypen ins Gedächtnis. Fühle genau nach, was du für diese einzelnen Menschen, Gruppen oder Typen empfindest. Welche Gefühle kommen hoch? Welche Kritikpunkte fallen dir ein?
4. Dreh es nun um. Frage dich selbst, ob irgendwelche dieser Kritikpunkte oder Urteile deine Gefühle für dich selbst widerspiegeln.

JOURNAL PROMPT: Wie spiegelt dein Urteil über andere deine Gefühle für dich selbst wider? Verurteilst du deinen Körper, deine Gefühle, deine Verhaltensweisen und/oder Handlungen? Wenn ja, warum?

Sei unproduktiv

Nimm dir Zeit, vollkommen »unproduktiv« zu sein. Du musst nicht ununterbrochen produktiv sein. Gib dir Raum und Zeit, einfach nichts zu tun und zu entspannen. Und zwar ohne dich zu verurteilen, sondern voller Mitgefühl für dich als Menschen.

1. Finde ein Zeitfenster, wo du unproduktiv bist. Das können ein Tag, ein ganzes Wochenende oder auch nur ein paar Stunden sein.
2. Gib dich in dieser festgesetzten Zeitspanne ganz dem Nichtstun hin.
3. Erlaube dir in dieser Zeit, dich zu erholen, abzuschalten und zu entspannen. Tu, was immer du willst, solange es nichts mit Arbeit zu tun hat oder »produktiv« ist. Denke daran: Das Ziel ist es, »nutzlos« zu sein.
4. Sobald du merkst, dass du dich dafür verurteilst, unproduktiv zu sein, hinterfrage diesen inneren Kritiker. Warum denkst du, dass Nichtstun falsch ist?

JOURNAL PROMPT: Beschreibe, was du empfindest, wenn andere faul sind oder wenn du denkst, dass sie nichts Produktives mit ihrem Leben anfangen. Wie würdigst du die Energie, die dich antreibt? Und wie kommst du zur Ruhe und sammelst neue Kraft?

Zeichne dich selbst

Nutze dein kreatives Potenzial und male ein Selbstporträt. Benutze Papier und Zeichenstift oder dein Tablet mit einer Zeichen-App. Du kannst auch Wasserfarben verwenden oder Bilder aus Zeitschriften ausschneiden. Alles ist möglich.

1. Zeichne, wie du aussiehst. Zeichne, was du fühlst. Zeichne, was du siehst, wenn du in den Spiegel schaust.
2. Um bestimmte Merkmale besser herauszuarbeiten, frage dich zum Beispiel: Wie kleidet sich diese Person? Wie verhält sich diese Person? Wie spricht diese Person? Was denkt diese Person?
3. Begutachte dein Werk und überlege, welche Aspekte noch fehlen. Füge sie hinzu, so, wie es dir gefällt.
4. Bewerte dein Werk erst, wenn es fertig ist. Was erzählt es dir über dich selbst?

JOURNAL PROMPT: Welche deiner Eigenschaften hast du in deinem Bild ausgedrückt? Welche Anteile versuchst du zu verbergen? Wie hast du diese Aspekte in deinem Selbstporträt dargestellt?

Quality-Time mit dir selbst

Zeit alleine zu verbringen, ist nicht nur eine wunderbare Form von Selfcare. Du konfrontierst dich auch mit allen Triggern, die Gefühle von Einsamkeit, Verlassenwerden, Verletzlichkeit, mangelndem Selbstwert, Ungeliebt-sein und Ähnlichem hervorrufen. Bewusst Zeit alleine zu verbringen, ohne Ablenkungen durch andere, durch Geräusche der Außenwelt oder Gespräche, erlaubt dir, dich *wirklich* wahrzunehmen. Nutze diese Zeit dafür und kümmere dich um dich und um deine Bedürfnisse.

1. Bestimme einen Zeitraum für eine Quality-Time mit dir alleine. Du kannst es in deinem Kalender einplanen, dir einen Abend am Wochenende dafür reservieren oder einfach für dich da sein, wann immer du bereit bist.
2. Plane etwas nur mit dir selbst! Überlege dir etwas, das dir Spaß macht, zum Beispiel Backen oder Kochen, Gartenarbeit, Baden oder einen Spaziergang in der Natur. Deine Möglichkeiten sind unbegrenzt.
3. Versuche, bei diesen Gelegenheiten bewusst besonders intensive Gefühlszustände zu erreichen. Wenn du lachen musst, lache laut. Wenn dir nach Weinen zumute ist, lass es raus. Hier ist kein Raum für irgendwelche Bewertungen; es geht darum, aufmerksam wahrzunehmen, wie du dich in dieser Zeit alleine wirklich fühlst.

JOURNAL PROMPT: In welchen Situationen setzt du dich selbst an die letzte Stelle? Wie kämpfst du für deine Ziele, Wünsche und Sehnsüchte? Welche Erwartungen hast du, wie andere mit dir umgehen? Wie gehst du selbst mit dir um?

Sei auch körperlich stark

Auf deiner Reise zur Heilung ist es besonders wichtig, dass du Grenzen setzt, deinen Frieden schützt und selbstbewusst bist. Hast du damit Schwierigkeiten, kann es helfen, Sport zu treiben, um dich zu stärken und Kraft zu tanken. Dadurch ist es dir vielleicht eher möglich, dich mit deinen Schattenaspekten auseinanderzusetzen, die genau diese positiven Verhaltensweisen verhindern. Das Gefühl, dass du dich körperlich schützt, wird auch in andere Bereiche deines Lebens ausstrahlen. Besprich dich bitte mit Gesundheitsexpert*innen, wenn du Einschränkungen hast, die beachtet werden müssen.

1. Überlege dir, welche Art der körperlichen Betätigung du gerne ausprobieren möchtest. Wähle vor allem Sportarten, die starke, kraftvolle Bewegungen erfordern.
2. Suche auf YouTube oder in anderen Online-Quellen nach Videos, die dir zeigen, wie du die Übungen dazu richtig ausführst.
3. Sei so präsent wie möglich in deinem Körper, wenn du die Übungen machst, und stell dir vor, wie du deinen Platz in der Welt behauptest und kraftvoll deine Grenzen und dich selbst schützt.
4. Nimm wahr, wenn Aggressionen, Ärger, Wut, Zurückhaltung oder Sorgen in dir hochkommen. Stören dich diese Gefühle bei der Durchführung der Übungen?

JOURNAL PROMPT: In welchen Bereichen und mit welchen Menschen fällt es dir schwer, deine Grenzen zu schützen? Beschreibe, wie es sich anfühlt, stark zu sein und dich in deinem eigenen Körper sicher zu fühlen.

3

Journal Prompts für eine tiefergehende Erkundung

Die Journal Prompts in diesem Kapitel unterstützen dich dabei, deine Schattenanteile zu erkunden und tiefere Erkenntnisse über dich selbst zu gewinnen, und sie helfen dir, dich wieder in dich selbst zu verlieben. Du kannst die Vorschläge in beliebiger Reihenfolge ausprobieren. Hier gibt es kein Richtig oder Falsch; lass dich von deiner Intuition leiten, womit du dich in jeder einzelnen Sitzung befasst. Sei vollkommen ehrlich zu dir selbst, damit du von diesen Prompts auch wirklich profitierst.

ZIELE DEINER SCHATTENARBEIT: Welches Ziel verfolgst du mit der Schattenarbeit? Wie wird sich dein Leben mit ihrer Hilfe verändern?

UM HILFE BITTEN: Beschreibe, wie es sich anfühlt, wenn du jemanden um Hilfe bittest. Was ist daran leicht, und was fällt dir schwer?

UNTERSTÜTZUNG SUCHEN: An welche Menschen wendest du dich, wenn du Unterstützung brauchst? Was hältst du davon, dir professionelle Hilfe zu suchen, wenn du niemanden findest, der deine Probleme versteht?

SOZIALER SUPPORT: Bringt dir dein soziales Umfeld genug Liebe und Unterstützung entgegen? Kannst du dich auf alle verlassen, oder sind manche Bindungen instabil? Wie könntest du daran etwas ändern?

DEIN AUTHENTISCHES SELBST: Wie fühlt es sich an, vor anderen Leuten authentisch zu sein? Welche Anteile offenbarst oder versteckst du in deinen engsten Beziehungen?

LIEBEN ODER VERABSCHEUEN: Mit welchen Leuten kannst du ganz du selbst sein? Locken sie Anteile hervor, die du an dir liebst oder die du nicht magst? Beschreibe, wie sie dir helfen, dir selbst treu zu sein, auch wenn sie Anteile hervorbringen, die du nicht leiden kannst.

FASSADE: Vor welchen Leuten oder Gruppen trägst du eine Fassade, weil du dazugehören möchtest? Was verbirgst du hinter deiner Fassade? Beschreibe, warum du dich für diese Aspekte von dir schämst.

SELBSTAKZEPTANZ: Kannst du dich *wirklich* so akzeptieren, wie du bist? Wenn nicht: Welche deiner Anteile kannst du nicht akzeptieren?

INNERE STIMME: Ist deine innere Stimme wohlwollend oder kritisch? Was sagt sie zu dir? Erinnert sie dich an jemanden aus deinem Leben (Eltern, Lehrer*innen, Partner*innen etc.)?

VERRAT: Wann hast du dich besonders verraten gefühlt? Wie alt warst du? Beschreibe die Situation und wie sie dich beeinflusst hat.

GEBROCHENE VERSPRECHEN: Welches große Versprechen hast du dir selbst gegeben und gebrochen? Warum hast du das getan? Wie geht es dir damit? Was wäre anders gelaufen, wenn du dein Versprechen gehalten hättest?

SCHULD: Beschreibe eine Situation, wo du jemand anderem die Schuld an einem negativen Ausgang gegeben hast. Für welche Aspekte dieser Situation könntest du mitverantwortlich sein?

VICTIM BLAMING: Gibst du dir selbst die Schuld für ein Trauma, das dir widerfahren ist? Wenn ja, warum? Gibt dir eine andere Person die Schuld daran? Welche Gründe hat sie dafür?

BODY POSITIVITY: Wie wohl fühlst du dich in deinem Körper? Liste zehn Dinge auf, die dir an deinem Körper gefallen. Würdest du an deinem Körper gerne etwas verändern? Wenn ja, was und warum?

GRENZEN: Welche neue Grenze musst du ziehen, um dein Wohlbefinden zu schützen? Wie wirst du diese Grenze gegenüber dir selbst und anderen Leuten durchsetzen?

HERAUSFORDERUNGEN: Was fordert dich in deinem Leben zurzeit am meisten heraus? Was lernst du daraus? Wie kannst du dadurch wachsen?

MUT: Beschreibe eine Person, die du für mutig hältst. Warum findest du sie mutig? Wie kann dein Mut anderen helfen und sie inspirieren?

URLAUBSERINNERUNGEN: Welche Urlaubserinnerungen als Kind sind dir besonders im Gedächtnis geblieben? Sind sie eher gut oder schlecht? Warum?

BEDÜRFNISSE: Welche Bedürfnisse, die du als Kind hattest, wurden nie erfüllt? Warum hattest du diese Bedürfnisse? Warum wurden sie nicht erfüllt?

VERGLEICHE: Fühlst du dich im Allgemeinen schlechter, gleich oder besser als andere? Untersuche diese Gefühle genauer, indem du beschreibst, warum du dich so fühlst.

WERTE: Was ist dir in deinem Leben am wichtigsten? Für welche Werte setzt du dich besonders ein? Beschreibe, ob du dein Leben tatsächlich nach diesen Wertvorstellungen lebst. Umgibst du dich mit Menschen, die dieselben Werte haben? Warum oder warum nicht?

WERTE DEINER BEZUGSPERSONEN: Welche Wertvorstellungen hatten deine Eltern/Bezugspersonen in deiner Kindheit? Vertrittst du diese Werte heute noch, oder haben sie sich verändert? Wie kam es dazu?

DANKBARKEIT: Wofür bist du dankbar? Beschreibe fünf bis zehn Dinge, die dir in den letzten Tagen Freude bereitet oder dir gefallen haben, auch wenn sie noch so unbedeutend sind.

GEFÜHLE: Welche Gefühle versuchst du zu vermeiden und warum? Auf welche lässt du dich am ehesten ein und warum?

VERSAGEN UND ERFOLG: Was bedeutet Versagen für dich und was Erfolg? Wann hast du dich das letzte Mal wie ein*e Versager*in gefühlt? Wann erfolgreich?

SICH DEM SCHEITERN STELLEN: Denke an etwas, bei dem du versagt und wofür du dich geschämt hast. Warum war diese Situation so schlimm? Stell dir vor, du beobachtest, wie eine andere Person in dieser Situation versagt: Was würdest du zu ihr sagen, damit sie sich besser fühlt?

ANGST: In welchen Bereichen deines Lebens hältst du dich zurück oder handelst ängstlich? Warum tust du es? Wie kannst du es ändern?

VERGEBUNG: Erinnere dich an eine Person aus deiner Vergangenheit, der du vergeben kannst. (Du musst dich nicht bei ihr melden.) Denke daran: Vergebung bedeutet nicht, dass du befürwortest, was diese Person getan hat. Was würdest du zu ihr sagen, um deinen Ärger loslassen zu können?

SELBSTABWERTUNG: Was ist das Schlimmste, das du je zu dir selbst gesagt hast? Wie kannst du es wiedergutmachen? Wie kannst du dir mehr Selbstliebe zeigen?

SELBSTVERGEBUNG: Wofür musst du dir selbst vergeben? Warum hast du daran festgehalten? Wie würde es sich anfühlen, diese Scham oder Schuld loszulassen?

GEERBTE EIGENSCHAFTEN: Was sind die schlimmsten Eigenschaften, die dir in deiner Familie aufgefallen sind? Was sind die besten? Beschreibe, welche Gefühle diese Eigenschaften in dir hervorrufen. Besitzt du diese Eigenschaften auch?

UNGERECHTIGKEIT: Wehrst du dich bei Ungerechtigkeiten oder Auseinandersetzungen? Warum oder warum nicht? Wie würde es sich anfühlen, wenn du mal anders reagierst?

MIT VERLETZUNG UMGEHEN: Wie bist du bisher mit schlimmen Ereignissen und schmerzhaften Erfahrungen umgegangen? Was hast du dagegen unternommen? Wie würdest du deinen Umgang mit Schmerz und Leid in Zukunft ändern?

UNBEANTWORTETE FRAGEN: Welche Frage wurde dir in deiner Kindheit nie beantwortet? Denkst du heute noch darüber nach? Was würde passieren, wenn du die Antwort bekämst? Könntest du dann damit abschließen? Warum oder warum nicht?

EINSAMKEIT: Beschreibe eine Situation, in der du dich wirklich einsam gefühlt hast, und einen Moment, in dem du aufgehoben warst. Inwiefern ähneln und/oder unterscheiden sie sich?

LIEBE: Wie definierst du Liebe? Zeigst du diese Art von Liebe auch dir selbst? Wenn nicht, beschreibe deine Vorstellung von Selbstliebe.

SELBSTLIEBE: In welchem Bereich deines Lebens gehst du mit dir selbst nicht liebevoll um? Warum? Was würde eine Person tun, die sich selbst liebt?

MENTALE GESUNDHEIT: Welche Dinge fallen dir zuerst an dir auf, wenn du mental zu kämpfen hast? Wie hilfst du dir in diesen Momenten selbst?

FALSCHE VORSTELLUNGEN: Welche falschen Vorstellungen haben Menschen von dir? Wie fühlt sich das für dich an? Woran liegt es, dass sie dich so wahrnehmen?

MISSVERSTÄNDNISSE: Welche Verhaltensweisen, die Leute dir gegenüber an den Tag legen, könntest du missverstehen? Welche anderen Gründe gäbe es für ihr Verhalten?

SELBSTWERT: Beschreibe, wie Status und Einkommen dein Selbstwertgefühl beeinflussen. Wenn Geld nicht wichtig für dich ist, was steigert dann deinen Selbstwert, und wie kannst du diese positiven Gefühle verstärken?

GELD: Wie beeinflusst der Umgang mit Geld in deiner Familie deine Sicht auf das Verdienen, Ausgeben und Sparen? Orientierst du dich eher an Mangel oder an Überfluss? Falls es Mangel ist, wie könntest du das ändern?

BESONDERES VERGNÜGEN: Was hast du dir zuletzt einfach aus Vergnügen gekauft? Wie hast du dich dabei gefühlt? Was würdest du kaufen, wenn du dir alles kaufen könntest, was du willst?

FINANZIELLE GEHEIMNISSE: Sollten die Leute offen damit umgehen, wie viel Geld sie verdienen? Warum oder warum nicht? Haben deine Eltern/Bezugspersonen ihr Einkommen vor dir und/oder anderen geheim gehalten? Beeinflusst dich das darin, wie offen du über Geld sprichst?

FINANZIELLE SCHAM: Findest du es peinlich zuzugeben, dass du mehr Geld willst oder brauchst? Wenn ja, beschreibe, warum der Gedanke, zu wenig Geld zu haben, Schamgefühle in dir hervorruft.

FINANZIELLE TRANSPARENZ: Beschreibe einen Moment, in dem du jemandem »beweisen« wolltest, dass du Geld hast (oder dass du nicht genug hast und in Schwierigkeiten steckst). Wolltest du es dieser Person unter die Nase reiben oder nur andeuten? Warum hast du diesen Drang verspürt?

NEGATIVE GEDANKEN: Welche negativen Gedanken flößt du deinem Unterbewusstsein ein? Woher kommen sie? Überlege dir einige positive Gedanken, mit denen du die negativen ersetzen kannst.

SCHMERZHAFTE GEFÜHLE: Wie fühlt es sich an, wenn du schmerzhafte Gefühle zulässt? Beschreibe, welche inneren Widerstände du gegen die Verarbeitung deiner Emotionen und Erfahrungen spürst.

PEOPLE PLEASING: Bist du ein »People Pleaser« und versuchst du, anderen möglichst zu gefallen? Beschreibe Situationen, in denen du dich nach anderen richtest und nicht nach dir selbst. Warum tust du das?

SELFCARE: Beschreibe, wie du dich um dich selbst kümmerst. Wie fühlst du dich davor, währenddessen und danach?

POSITIVE GEFÜHLE: Beschreibe detailliert Menschen, Erfahrungen und Verpflichtungen, die in den letzten zwölf Monaten positive Gefühle, Energien und Emotionen in dir hervorgerufen haben.

REUE: Stell dir für einen Moment vor, du bist am Ende deines Lebens angekommen. Was bereust du am meisten? Überlege, was du verändern kannst, um diese Reue nicht mehr zu spüren.

BEZIEHUNGSGRENZEN: Hast du in deinen Beziehungen gesunde Grenzen gesetzt? Welchen Beziehungen würden ein paar gesunde Grenzen guttun? Beschreibe, wie du die Grenzen von anderen respektierst oder ignorierst.

LIEBLOSES VERHALTEN: Wann warst du das letzte Mal gemein oder verletzend? Warum hast du dich so verhalten? Hast du versucht, etwas daran zu ändern? Wie könntest du heute jemandem ein Lächeln ins Gesicht zaubern?

BEZIEHUNGEN BEENDEN: Welche Beziehungen in deinem Leben geben dir nichts mehr? Was würde passieren, wenn du diese Beziehungen beendest?

LOSLASSEN: Welcher Gedanke, welcher Glaube, welches Verhalten, welche Situation und/oder welcher Gegenstand nützen dir nichts mehr? Bist du bereit, diese Dinge loszulassen? Warum oder warum nicht?

REPARENTING: Wie kannst du dich heute selbst »neubeeltern«? Anders gesagt, wie kannst du heute die Bedürfnisse deines inneren Kindes stillen, die in deiner Kindheit unbeachtet blieben? Wie würde dein jüngeres Ich sich fühlen, wenn es so behandelt worden wäre?

KRAFT TANKEN: Was musst du tun, um wieder Energie aufzuladen? Wie erholst du dich nach einem anstrengenden Arbeitstag? Oder nach einer körperlichen Verletzung? Oder nach einem Streit?

VERANTWORTUNG: Verhältst du dich reif und verantwortungsvoll auf deiner Reise zu Heilung und Wachstum? Beschreibe, wie.

VERLETZLICHKEIT: Erlaubst du dir, in deinen Beziehungen verletzlich zu sein? Warum oder warum nicht? Wie verletzlich bist du in deinen Liebesbeziehungen? Und wie ist es bei deinen Freundschaften?

SICH SELBST AN DIE ERSTE STELLE SETZEN: In welcher Weise stellst du deine Bedürfnisse immer zurück? Warum? Wie würde es aussehen, wenn du dich mal an die erste Stelle setzen würdest? Und was würde dann passieren?

SELBSTVERBESSERUNG: Welche Seiten an dir würdest du gerne verbessern und warum? Hat dir jemand empfohlen, dich in diesem Bereich zu verändern? Wenn ja, wie hast du dich dabei gefühlt?

SELBSTWOHLWOLLEN: Wie hast du dich bisher selbst bestraft? Suche Möglichkeiten, wie du wohlwollender mit dir umgehen kannst.

NICHT LIEBENSWERT: Hast du das Gefühl, du bist es nicht wert, von anderen und/oder dir selbst geliebt zu werden? Was kannst du unternehmen, um ein gesundes Selbstwertgefühl zu entwickeln? Wie würde sich dein Leben ändern, wenn du dich wertgeschätzt fühlst?

SEXUALITÄT: Kannst du dich selbst als sexuelles Wesen akzeptieren oder schämst du dich für deine Sexualität und deine Lust? Erkläre, warum.

SCHAM: In welchen Momenten in deinem Leben hast du dich am meisten geschämt? Woher kam diese Scham?

UNERWÜNSCHTE EIGENSCHAFTEN: Was sind für dich die schlimmsten Eigenschaften an einer Person? Fallen dir Momente ein, in denen du selbst diese Eigenschaften an den Tag gelegt hast?

TOXISCHES VERHALTEN: In welchen Situationen bist du besonders negativ oder manipulativ? Wann spielst du die Dramaqueen? Beschreibe, wie du das letzte Mal in deinen engeren Beziehungen ein toxisches Verhalten gezeigt hast und wie sich das für dich angefühlt hat.

TRIGGER-AUSSAGEN: Welche Aussage würde dich sofort triggern und zu einer negativen Reaktion provozieren? Warum ruft diese Aussage diese Wirkung bei dir hervor?

TRIGGER-EIGENSCHAFTEN: Welche Eigenschaften haben die Menschen, Situationen oder Dinge gemeinsam, die dich triggern? Hast du diese Eigenschaften auch? Denke daran, dass das, was uns stört, meistens ein Teil unseres Schattens ist.

SCHWÄCHE: Wann fühlst du dich schwach? Wenn du um Hilfe bittest, ein Ziel nicht erreichst oder bei etwas anderem? Überlege, woher dieses Gefühl ursprünglich kommt.

EINE LEKTION ÜBER DICH SELBST: Wer hat dir beigebracht, wer du bist, als du aufgewachsen bist? Stimmt das damit überein, wie du dich jetzt wahrnimmst?

WERT: Was triggert das Gefühl in dir, dass du »nicht gut genug« bist oder dass du weniger wert bist als andere? Woher kommt das?

SCHLECHTE ERFAHRUNGEN: Wie könnten vergangene schlechte Erfahrungen deine jetzigen Beziehungen beeinflussen? Was kannst du tun, um das in Ordnung zu bringen und deine Beziehungen mit einer positiveren Einstellung anzugehen?

DEIN ZUKÜNFTIGES ICH: Was erschaffst du für dein zukünftiges Ich? Wie viel Geld möchtest du verdienen? Wie könnte deine intimste Beziehung aussehen? In welchem Umfeld wirst du leben? Wie werden sich die positiven Beziehungen in deinem Leben anfühlen?

ÜBER DIE AUTORINNEN

VALERIE INEZ lebt und arbeitet in Houston als Autorin, Intuitions- und Schattenarbeitscoachin sowie Heilerin. Wie die meisten Skorpione beschäftigt sie sich gerne mit seelischen Abgründen und bringt Licht ins Dunkel. Bei ihrer Arbeit hilft sie ihren Klient*innen, wieder auf die Beine zu kommen und ihre innere Kraft zu finden. Valerie liest und schreibt gerne, verbringt viel Zeit mit ihren Kindern, erkundet die Natur und sucht immer neue Wege, sich mit dem Universum zu verbinden.

LATHA JAY arbeitet als spirituelle Manifestationscoachin, wobei sie traditionelles und modernes Wissen vereint. Mithilfe ihrer bisherigen Lebenserfahrung entwickelt sie immer neue Möglichkeiten, Menschen bei ihrer Heilung zu unterstützen. Sie hilft ihnen, ihre Wahrnehmung und ihren Lifestyle zu ändern, um glücklicher und freier zu leben. Sie verbringt außerdem viel Zeit mit ihrer Familie und in ihrem Garten und versucht immer, sich die Neugierde einer Anfängerin zu bewahren.